c'est dur d'être de gauche

AUREL

c'est dur d'être de gauche

**TEXTES DE CHAPITRES
DE RENAUD DÉLY**

ON VA
RESTER DE
GAUCHE

ET
RESTER
DANS
L'OPPOSITION

que vont faire tous
ces gauchistes de
dessinateurs
anti-sarkozystes ?

Glénat

Merci !

Aux équipes de la direction artistique du «Monde», notamment Quintin, Sara et Aris.
(et Michel et Coralie et Sylvain, Natalie, Guy, et...). À Denis, Christophe, Isabelle et
Marion de «Politis» (et Xavier et Pauline, etc...). À Nicolas et Romain de «Yahoo!»
(les gars, vous fermez les commentaires quand vous voulez), à Tignous (lo paire!) et
à Renaud pour sa bienveillance et sa complicité.

À Pétronille et Scarlett, et leurs propriétaires.

Ce livre est bien évidemment dédié à A., C. et M. qui me supportent dans tous les
sens du terme à longueur d'année et de travail.

   Aurel

Des mêmes auteurs chez le même éditeur :
SARKOZY ET SES FEMMES
SARKOZY ET LES RICHES

Ces dessins ont parus pour la plupart dans le journal «Le Monde», «Politis»,
sur le site «Yahoo! Actualités», et dans l'hebdomadaire éphémère «9 semaines».

Retrouvez Aurel sur internet :
www.lesitedaurel.com
facebook.com/lapagedaurel

© 2012, Glénat.
Éditions Glénat - Couvent Sainte-Cécile - 37 rue Servan - 38000 Grenoble
Dépôt légal : novembre 2012
I.S.B.N. 978-2-7234-9410-6
Achevé d'imprimer en France par octobre 2012 par Pollina - L62658,
sur papier provenant de forêts gérées de manière durable.

de si longs préliminaires...

Dans une campagne présidentielle aussi, ce sont parfois les préliminaires qui sont les meilleurs. Au Parti socialiste, on appelle ça les primaires. Les socialistes n'en manquent pas, de primaires, et il faut reconnaître qu'ils nous ont gâtés avec la longue compétition qui a abouti au choix du candidat « normal » François Hollande. C'était la campagne avant la campagne, en quelque sorte, mais la campagne juste entre soi, entre gens de gauche... Depuis Abel et Caïn, tout le monde sait qu'il n'y a rien de tel que les luttes fratricides pour appâter le spectateur. Cette joute-là a duré près de six mois, de l'annonce de la candidature du président du conseil général de Corrèze à la fin du mois de mars 2011, jusqu'à sa désignation le 16 octobre. Et plus c'est long, plus c'est...

Un semestre de jeux du cirque, ponctués de petites vacheries, de croche-pattes insidieux et de tacles sévères entre vrais-faux camarades. Six mois à l'issue desquels la « gauche molle » de François Hollande a fini par triompher de la gauche « scrogneugneu » de Martine Aubry.

Six mois au cours desquels le tourbillonnant Arnaud Montebourg a brassé beaucoup de vent, l'austère Manuel Valls a tenté d'importer le sarkozysme à gauche et l'illuminée Ségolène Royal a vu la lumière s'éteindre définitivement...

Six mois qui auront surtout été ponctués par un incroyable coup de tonnerre venu des États-Unis. Ils sont forts ces Ricains ! Ils nous ont offert un rebondissement dont seuls les meilleurs scénaristes d'Hollywood semblaient jusque-là capables. Car les primaires socialistes ont commencé par un faux départ, celui d'un candidatus interruptus dont le destin élyséen s'est fracassé sur la moquette d'un Sofitel new-yorkais.

La gauche l'attendait comme le Messie, la droite aussi d'ailleurs. Le patronat en rêvait, les marchés ne juraient que par lui et les sondages le plébiscitaient, mais le brillant patron du FMI était travaillé par d'autres démons. On savait Dominique Strauss-Kahn porté sur la chose, il avait déjà connu de sérieuses alertes, notamment en fricotant avec une économiste hongroise dans les couloirs du FMI, mais nul n'imaginait qu'il finirait par se noyer en sautant sur une femme de chambre un samedi midi de la mi-mai 2011...

En 24 heures, l'un des hommes les plus puissants, et les plus enviés, de la planète est passé du toit du monde aux geôles du pénitencier de Rikers Island. Puis, une fois l'intéressé reclus dans une somptueuse maison du chic quartier de Tribeca, le feuilleton a duré tout l'été avant que DSK puisse rentrer en France, son armée d'avocats s'étant chargée de lui éviter l'infamie d'un procès. L'épisode n'a toutefois guère fait de bien, ni à la gauche, ni à la réputation internationale des *french lovers*.

Et tandis que Nicolas Sarkozy peinait à cacher sa joie de voir disparaître cet adversaire, la gauche orpheline a semblé replonger dans les affres d'une défaite annoncée.

Un seul être leur manquait et déjà se dessinait la perspective d'un quatrième naufrage élyséen consécutif... C'était sans compter avec le miracle des primaires. La procédure inquiétait, le toujours subtil Jean-François Copé hurlait au «fichage des électeurs» par des socialistes repeints par ses soins en dignes héritiers des agents du KGB, beaucoup redoutaient que l'affrontement ne tourne à la foire d'empoigne suicidaire. Et puis, il n'en fut rien ou presque. Il y eut bien quelques assauts musclés de Martine Aubry, quelques furieuses envolées d'Arnaud Montebourg pour séduire la gauche du PS, mais, au final, pas de catastrophe et un vrai intérêt des Français pour cette compétition. Les débats télévisés entre prétendants ont battu des records d'audience et plus de trois millions d'électeurs se sont rendus aux urnes pour désigner un champion auquel ils n'assignaient presque qu'un seul impératif pressant : tourner la page du sarkozysme et changer le locataire de l'Élysée, bref gagner pour virer Sarkozy !

À peine choisi, François Hollande a aussitôt fait preuve d'une grande ingratitude : il a oublié de remercier Nafissatou Diallo, celle à qui le PS devrait ériger une statue dans la cour de son siège de la rue de Solférino tant son sacrifice fut salvateur pour la gauche...

le sénat bascule à gauche

hollande lance sa campagne

incorrigible

forest gump

Valls veut "déverrouiller les 35 heures"

t.s.h. (tout sauf hollande).

rumeurs et manoeuvres

la droite déçue par la primaire p.s.

choix cornélien

primaire socialiste

PRIMAIRE P.S.

le plus dur reste à faire

SE RASSEMBLER.

une présidentielle
à qui perd gagne

Après la bataille peut enfin commencer la vraie... bataille! Sorti vainqueur le 16 octobre 2011 d'une interminable séance de petits meurtres entre camarades, François Hollande se lance à l'assaut de Nicolas Sarkozy. Mais il commence par ferrailler pendant quatre mois contre un adversaire qui se terre dans le confort douillet de l'Élysée. En attendant que le président sortant se déclare, le candidat socialiste se garde bien de prendre des risques. Donné largement vainqueur dans les sondages, François Hollande esquive les lourdes attaques de l'UMP et cultive le flou de ses promesses. Une campagne efficace, mais sans passion ni ferveur. Sa prudence est telle qu'elle ouvre un boulevard sur sa gauche à la concurrence d'un Jean-Luc Mélenchon qui verse, lui, sans retenue dans la surenchère. Pour déborder un François Hollande qu'il réduit au statut de «capitaine de pédalo», Jean-Luc Mélenchon prend la tête des «révoltés du Bounty». Il cite Hugo et Robespierre, ressuscite la Convention et la Commune, tonne, vitupère, vibrionne. Il est «le bruit et la fureur» et rameute place de la Bastille près de 100 000 personnes, avant de renouveler l'exploit sur les plages du Prado, à Marseille, puis sur la place du Capitole, à Toulouse. Le drapeau rouge flotte d'autant plus haut dans l'air printanier que la bannière verte, elle, prend l'eau de toutes parts, la malheureuse Eva Joly payant autant ses propres maladresses que les croche-pieds de ses faux amis.

Pour se dégager de la tornade Mélenchon, voilà donc Hollande contraint d'en rajouter pour fustiger sur tous les tons celle qu'il désigne comme son «seul adversaire»: «la finance sans visage» qui partout «gouverne». Un soir de mars, sur le plateau de TF1, il dégaine même une promesse qui fait boum: les privilégiés qui empochent plus d'un million d'euros par an seront taxés à 75%! C'est la panique à Neuilly! Les cabinets des conseillers fiscaux ne désemplissent pas...

Renvoyé à son étiquette de «président des riches», Nicolas Sarkozy, officiellement entré dans l'arène électorale le 15 février 2012, se grime en «candidat du peuple». Puisqu'il a échoué à sauver auprès des agences de notation le fameux triple A, garant de la situation financière du pays aux yeux des marchés, celui qui se prétendait président protecteur se déguise d'un seul coup en porte-parole des miséreux, des humbles, des sans-grade. Nicolas Sarkozy en rajoute sans vergogne contre les élites dévoyées et les puissants incompétents pour tenter de mieux faire oublier qu'il est lui-même chef de l'État sortant lesté par un lourd bilan d'un quinquennat impopulaire. Et Carla y va de son couplet sensible pour dépeindre le couple en «gens modestes» qui aiment à manger des pâtes le soir devant la télé, dans leur forcément modeste hôtel particulier de la villa Montmorency, dans le XVIᵉ arrondissement de Paris. La ficelle est trop grosse. Lassés des sempiternels numéros de communication dont le Président les a gavés depuis cinq ans, les électeurs ne mordent pas à l'hameçon. Le tour de passe-passe ne fonctionne pas et Nicolas Sarkozy se traîne toujours loin derrière dans les sondages.

Enquête après enquête, semaine après semaine, il est encore et toujours donné largement battu par François Hollande qui caracole en tête.

Nicolas Sarkozy va alors jouer son va-tout. À l'instigation d'un étrange mais omniprésent conseiller de l'ombre, l'inquiétant Patrick Buisson, il met le cap à droite toute. Plus encore qu'en 2007, il se met à piocher allègrement dans le programme du Front national, lui dérobant ses mots et ses propositions pour les réciter à sa sauce. Marine Le Pen devient candidate ventriloque. Elle s'exprime par la bouche du prétendant UMP. Nicolas Sarkozy accumule les prédictions apocalyptiques en cas de victoire de la gauche, depuis le déferlement d'immigrés sur les côtes françaises jusqu'à l'invasion de la viande halal dans nos cantines scolaires. Une indécente et périlleuse surenchère qui contribue à réduire l'écart avec son concurrent.

Le duel final prend un tour spectaculaire lors d'un débat télévisé ultra-tendu de près de trois heures. La joute s'achève par une sorte de passation de pouvoir : «Moi, président de la République, je m'engage, etc.», récite François Hollande à seize reprises sans jamais être interrompu par un adversaire fourbu qui finit par ployer. Le 6 mai 2012, sur le coup de 20 heures, c'est fait : lui, François Hollande, est président de la République, élu avec 51,6 % des voix. Le deuxième chef de l'État issu de la gauche, trente et un ans après François Mitterrand.

Pendant un an, la tortue Hollande aura fait la course en tête sans jamais être rattrapé par le lièvre Sarkozy. Plus de 80 sondages l'ont annoncé vainqueur, aucun ne l'a donné perdant. Comme si le scrutin le plus dur à remporter était finalement la primaire socialiste. L'élection présidentielle n'était, elle, plus qu'une formalité tant les Français ne pouvaient plus voir Nicolas Sarkozy, ni en peinture ni autrement. Ils n'en voulaient plus, ils l'ont donc congédié. Éprouvaient-ils pour autant un vrai désir de François Hollande ?

P.S. en route pour la présidentielle

Une présidentielle à qui perd gagne !

smic, livret A...

(1) Dans la limite des stocks disponibles et selon faisabilité.

HOLLANDE
"un candidat normal"

S'IL A BESOIN DE LE PRÉCISER, C'EST LOUCHE...

AUREL

HOLLANDE AUX ULTRA-MARINS :

supprimer le mot "race" de la constitution.

PAR CONTRE JE TOUCHE PAS AU CONCEPT DE "COLONIES"

printemps de gauche

TROISIEME HOMME

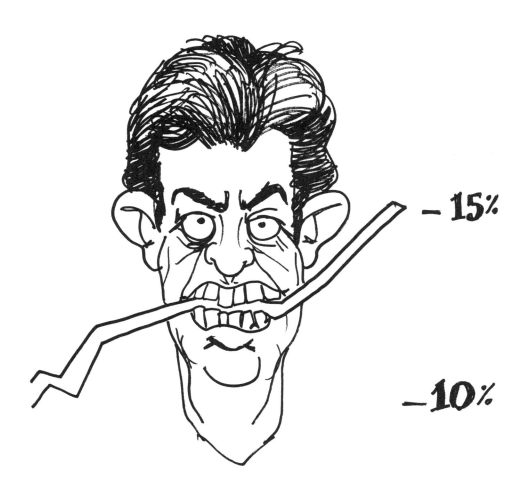

– 15%

–10%

100 000 personnes à bastille !

OUI...
L'OPÉRETTE
A TOUJOURS
ÉTÉ POPULAIRE

MAIS CEUX
QUI COMPTENT
SONT LES
TÉNORS.

AUREL

"valérie rottweiler"
[INSULTES]

ÇA NE
M'ÉTONNE
PAS DE LA
PART DE
LIONEL LUCACA

hollande entre dans la course

Palais de l'élysée début 2012

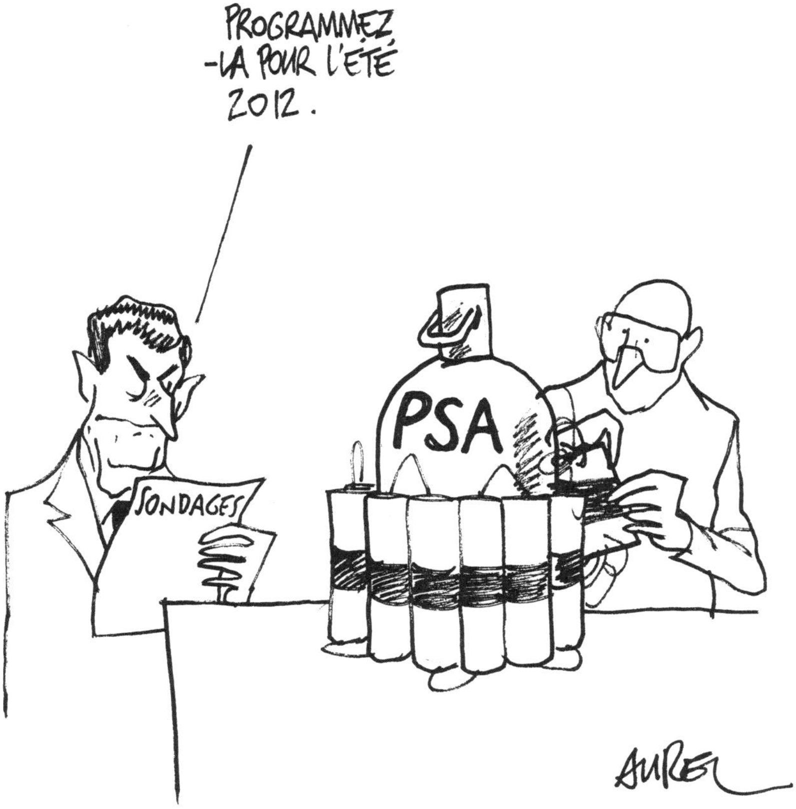

sarKoshow

c'est pas gagné

IL FAUT CONTINUER À SIPHONNER LES VOIX DU F.N. EN EVITANT LES AMALGAMES

le candidat

croiser les courbes

moi, président de la république

Une présidentielle à qui perd gagne !

le changement...
c'est pour quand ?

Au matin du 7 mai 2012, finalement, le plus simple est fait et le plus dur s'annonce. l'Élysée a changé de locataire. Mais le grand Changement, le vrai, promet d'être plus délicat à concrétiser.

Éconduit, Nicolas Sarkozy repart donc au bras de Carla. Il laisse la place à François Hollande, étroitement accompagné par la volcanique Valérie.

Fort bien. Et après ?

« Le changement, c'est maintenant ! », a martelé le candidat socialiste tout au long de la campagne présidentielle. « Le changement, c'est pour quand ? », lui renvoie aussitôt l'écho des électeurs impatients qui l'ont fait Président.

Certes, le règne du « bling-bling » s'achève et la France entre dans une nouvelle ère, celle de la « normalitude ». Le nouveau Président ne lésine pas sur les moyens pour mettre en scène cet autre changement, celui du style. Trois mois durant, c'est une succession d'images pieuses dont il imprègne la mémoire des Français : François prend le train, François serre des mains, François sourit, François est accessible à tous, etc. C'est « M. Tout-le-monde » à l'Élysée.

Un homme ordinaire, proche des « vraies gens », qui ne craint pas de se mouiller... François Hollande manque de se noyer sur les Champs-Élysées le jour de son investiture, le 15 mai 2012, sous une pluie battante qui ne le quittera pas pendant plus de deux mois. Le même jour, alors qu'il s'en va à Berlin rencontrer Angela Merkel qui l'avait snobé, et ignoré, tout au long de la campagne électorale, François Hollande doit même faire demi-tour pour changer d'avion, le sien ayant été frappé par la foudre.

Pour le reste, en revanche, hormis les pittoresques aventures du *Rainman* socialiste, le public reste un peu sur sa faim.

Certes, le candidat en campagne n'avait guère versé dans l'utopie. En 1981, François Mitterrand promettait de « changer la vie ». Il avait surtout changé la sienne et celles des quelques centaines de hiérarques roses qui ont accédé aux affaires. Trente et un ans plus tard, échaudé et prudent, François Hollande s'était contenté d'annoncer l'avènement du « changement ». Sans plus. Promettre peu pour décevoir moins, telle avait été sa ligne de conduite lorsqu'il parcourait le pays pour séduire les électeurs. Finie la flamboyance sarkozyste, place à la sagesse hollandaise. Du sérieux, du solide, de l'austère, voilà qui imposait le choix d'un prof d'allemand pour occuper Matignon. Le pâle Jean-Marc Ayrault a donc été préféré à la tonitruante Martine Aubry, repartie bouder à Lille.

Mais à peine installé à l'Élysée, «M. Normal» a surtout vite été rattrapé par les soubresauts d'une vie privée moins simple qu'elle n'en avait l'air. Entre les deux tours des élections législatives, François Hollande crut bon de voler au secours de la mère de ses quatre enfants, Ségolène Royal, en difficulté à La Rochelle. Aussitôt, la madame Bovary de l'Élysée, Valérie Trierweiler, dégaina un tweet explosif pour encourager son adversaire, le dissident socialiste Olivier Falorni. Feydeau s'invitait au Palais!

Une fois doté d'une large majorité à l'Assemblée nationale, le sage président Hollande s'est aussi retrouvé tenaillé entre les exigences de ses tumultueux alliés écologistes et la surenchère du toujours plus rouge Jean-Luc Mélenchon qui, à force de jouer les matamores, s'en est toutefois allé se fracasser aux législatives dès le premier tour à Hénin-Beaumont, le fief de Marine Le Pen. Une raclée qui n'apaise pas pour autant le bouillant rouge. Nucléaire, pouvoir d'achat, taxe à 75% pour les hyper-riches, et surtout traité budgétaire européen, voilà autant de sujets de friction pour une majorité aussi plurielle que turbulente qui met le gouvernement sous pression.

Résultat: le président «normal» immortalisé en une étrange posture dans le jardin de l'Élysée par le photographe Raymond Depardon se voit contraint de sortir de l'ambiguïté.

La crise économique s'aggrave au fil de l'été, la France oscille au bord du gouffre de la récession, le chômage grimpe en flèche, mais voilà que François Hollande tergiverse. Il revoit à la baisse certaines de ses promesses, comme la hausse du plafond du livret A ou le blocage du prix de l'essence, et laisse son ministre de l'Intérieur enterrer une à une les mesures censées marquer une rupture avec le sarkozysme policier.

Quelle différence entre les démantèlements des camps de Roms mis en œuvre par Claude Guéant et ceux que perpétue Manuel Valls? Un peu moins de caméras? Un peu moins de rodomontades?

Mais pendant que l'UMP, plongée dans la guerre des chefs, n'en finit pas de succomber à la «Sarko-nostalgie», une question lancinante revient tambouriner jusqu'aux fenêtres de l'Élysée: le changement, c'est pour quand?

le changement, c'est maintenant !

chez flamby y'a une languette sur tous les pots

POUR DÉMOULER, C'EST PLUS RIGOLO.

· PLOP ·

AUREL

LEGISLATIVES

aubry et ayrault main dans la main

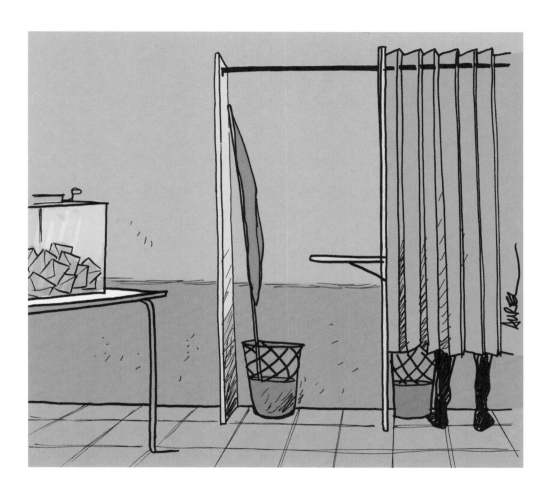

LA ROCHELLE

2nd tour gauche-gauche

FALORNI DOIT SE RETIRER ...

POUR ME PERMETTRE DE CUMULER LES MANDATS.

ayrault à l'université d'été du medef

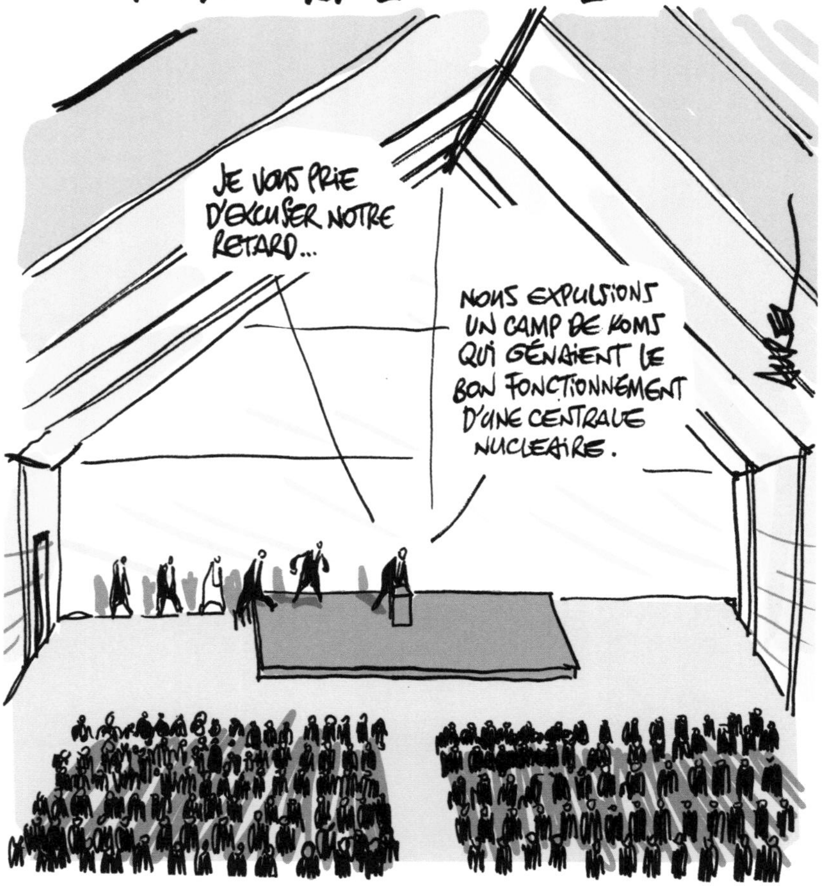

Austérité
Austérité
Austérité

préparation du budget 2013

TOUTE LA
DIFFICULTÉ
C'EST DE FAIRE
SÉRIEUX SANS
FAIRE DE
DROITE.

AUREL

que devient nicolas sarkozy ?